Sebastian Kuschel

Vom Korporatismus zum Pluralismus?

Wandel der Akteure und Interessen im deutschen G

GRIN - Verlag für akademische Texte

Der GRIN Verlag mit Sitz in München hat sich seit der Gründung im Jahr 1998 auf die Veröffentlichung akademischer Texte spezialisiert.

Die Verlagswebseite www.grin.com ist für Studenten, Hochschullehrer und andere Akademiker die ideale Plattform, ihre Fachtexte, Studienarbeiten, Abschlussarbeiten oder Dissertationen einem breiten Publikum zu präsentieren.

Sebastian Kuschel

Vom Korporatismus zum Pluralismus?

Wandel der Akteure und Interessen im deutschen Gesundheitswesen

GRIN Verlag

Bibliografische Information der Deutschen Nationalbibliothek: Die Deutsche Bibliothek
verzeichnet diese Publikation in der Deutschen Nationalbibliografie; detaillierte bibliografische Daten sind im Internet über http://dnb.d-nb.de/ abrufbar.

1. Auflage 2010
Copyright © 2010 GRIN Verlag
http://www.grin.com/
Druck und Bindung: Books on Demand GmbH, Norderstedt Germany
ISBN 978-3-640-89636-3

ᴵ

Hauptseminar „Politische Kommunikation und Politische Kultur"

Lehrstuhl für Politikwissenschaft II

SS10

Vom Korporatismus zum Pluralismus?

Wandel der Akteure und Interessen im deutschen Gesundheitswesen

Sebastian Kuschel, B.A. Governance and Public Policy, FS 04

_____

Modulbereich B – Schwerpunktmodulgruppe Politikwissenschaft

Öffentlichkeit und Politische Kommunikation – HS Public Affairs

Inhaltsverzeichnis Seite

A Eine gesundheitspolitische Konstante: Die Reform nach der Reform

"Von Jahr zu Jahr wird klarer: das Ziel des Gesundheitswesens ist nicht die Gesundheit, sondern der Ausbau des Gesundheitswesens." – *Gerhard Kocher* (Schweizer Politologe)[1]

Dieses Zitat ist sicherlich für das deutsche Gesundheitssystem zutreffend. Es war schon immer eines der umkämpftesten Felder zwischen den jeweils amtierenden Regierungen und der Opposition, auch weil damit ein hohes Gut für jeden Menschen, nämlich seine Gesundheit, viele Arbeitsplätze (im gesamten Gesundheitssektor waren 2008 4.616.000 Menschen beschäftigt[2]) und ein Milliardenge-schäft (u.a. für die Pharmaindustrie[3]) verbunden sind. Festzustellen ist eine ständige Forderung nach Reformen, die meist aufgrund der vielen Vetospieler in der Gesundheitspolitik aber nur teilweise ausgearbeitet und tatsächlich umgesetzt werden können.

Eine Vielzahl von Verbänden und Interessengruppen versucht ihren Einfluss auf diesem Gebiet gel-tend zu machen, für das außerdem ein „komplexer Mix von Regulierungsformen"[4] kennzeichnend ist, mit einem jeweils unterschiedlichen Mischungsverhältnis aus staatlichen, korporatistischen und marktlichen Elementen.[5]

Diese Arbeit geht der Frage nach, inwieweit sich aufgrund struktureller Veränderungen im Gesund-heitswesen bestimmte Akteure und ihre Interessen angepasst und verändert haben.
Die Gesundheitsreform 2007 soll dabei die vorerst abschließende Rolle spielen.
Hierfür werden zunächst kurz die theoretischen Grundbegriffe Pluralismus und Korporatismus erläu-tert, mit Hilfe derer man versuchen kann, den Wandel zu beschreiben. Grundlage sind hierfür die Theorien Ernst Fraenkels für den Pluralismus, sowie Phillipe C. Schmitters und Gerhard Lehmbruchs für den Korporatismus.

Dann werden die wichtigsten Akteure vorgestellt und ihre jeweilige Rolle im System analysiert, wo-bei die Parteien außen vor gelassen werden. Sie treten hier höchstens als „Staat" im Sinne der jewei-

---

[1] Kocher, Gerhard (2006): Vorsicht, Medizin! Aphorismen und Denkanstösse. Bern. Ott Verlag. S.186

[2] Statistisches Bundesamt (2010): Gesundheit, Personal, 2008. Wiesbaden. Abzurufen unter: https://www-ec.destatis.de/csp/shop/sfg/bpm.html.cms.cBroker.cls?cmspath=struktur,vollanzeige.csp&ID=1025436 (zu-letzt geprüft am 24.08.2010)

[3] Vgl. bspw. Statistisches Bundesamt (2008): Pressemitteilung Nr. 354. Abzurufen unter: http://www.destatis.de/jetspeed/portal/cms/Sites/destatis/Internet/DE/Presse/pm/2008/09/PD08__354__5 1.psml (zuletzt geprüft am 24.08.2010)

[4] Gerlinger, Thomas (2009): Der Wandel der Interessenvermittlung in der Gesundheitspolitik, in: Rehder, Britta und von Winter, Thomas und Willems, Ulrich: Interessenvermittlung in Politikfeldern. Vergleichende Befunde der Policy- und Verbändeforschung. Wiesbaden. VS Verlag für Sozialwissenschaften, S. 33-51

[5] Ebd.

ligen Regierungsparteien auf. Anschließend soll zu einem Fazit gelangt werden, ob und in welche Richtung sich das Gesundheitssystem im Gesamten entwickelt hat. Ein Ausblick auf die mögliche Weiterentwicklung, ausgelöst durch neue Reformen, soll im abschließenden Teil gegeben werden. Zu diesem Thema existiert eine Vielzahl an wissenschaftlichen Veröffentlichungen, die sich jedoch zu einem Großteil überschneiden, bzw. aufeinander aufbauen. Grundlegend für diese Arbeit ist aber sicherlich der Aufsatz „Akteure und Interessen in der Gesundheitspolitik: Vom Korporatismus zum Pluralismus?" von Nils C. Bandelow[6], dessen Ergebnisse weiter untersucht und genauer beleuchtet werden.

B Vom Korporatismus zum Pluralismus? - Wandel der Akteure und Interessen im deutschen Gesundheitswesen

I. Grundlagen zur empirischen Analyse

I.1 Die Pluralismustheorie nach Ernst Fraenkel

Das Vorhandensein einer Vielzahl von Interessen, die die Politik bestimmen, ist die Ausgangsthese Fraenkels.[7] Seine grundlegenden Anschauungen sind durch ein positives Bild der Rolle der Verbändelandschaft im demokratischen Rechtsstaat geprägt.[8] Für ihn sind die Verbände zusätzlich zu den Parteien mit der Aufgabe vertraut, als Vermittlungsagenturen den politischen Willen in das zentrale politische Entscheidungssystem zu transformieren. Das Gemeinwohl ist gemäß Fraenkel nicht von vornherein (a priori) als „richtig" zu erkennen, sondern ist das Ergebnis (a posteriori) der Austragung von Konflikten zwischen Gruppen innerhalb einer Gesellschaft.[9] Laut Fraenkel ist das „Volk" kein homogenes Ganzes, sondern vielmehr eine „amorphe Masse"[10]; das Gemeinwohl wird also nicht a priori durch eine höhere Instanz festgelegt, sondern ergibt sich aus einem Kompromiss als Ausdruck dessen, was in einem gegebenem Rahmen augenblicklich möglich ist.

Veranschaulichend dient sein Modell dazu, die grundlegenden Unterschiede in der Struktur zwischen pluralistischen und totalitären Ordnungsformen zusammen zu fassen.[11] Im Unterschied zu anderen

---

[6] Bandelow, Nils (2004): Akteure und Interessen in der Gesundheitspolitik: Vom Korporatismus zum Pluralismus? In : Politische Bildung 37/2, S. 49-63

[7] Nach: Gellner, Winand und Glatzmeier, Armin (2004): Macht und Gegenmacht. Einführung in die Regierungslehre. Baden-Baden. Nomos.

[8] Straßner, Alexander (2006): Verbände als Manifestation des Neopluralismus: Ernst Fraenkel. In: Sebaldt, Martin und Straßner Alexander: Klassiker der Verbändeforschung. Wiesbaden. VS Verlag für Sozialwissenschaften. S. 73-89

[9] Ebd.

[10] Zit. Nach Ebd. S. 79

[11] Ebd.

Theoretikern wie z.B. Laski[12], ist Fraenkels Staat als demokratisch legitimierter „Schiedsrichter"
definiert, der den gesellschaftlich organisierten Gruppen gegenüber steht.[13] Als Fundament für die
Konkurrenz der Interessen, die a posteriori zum Gemeinwohl führen soll, dient nach Fraenkel ein
„nicht-kontroverser Sektor"[14], der neben den Verfahrensregeln für den Ablauf des Wettbewerbs der
Interessen, vor allem unantastbare, von allen Bürgern geteilte und nicht hinterfragbare Werte, wie
z.B. die Menschenrechte, beinhalten sollte. Dieser Minimalkonsens auf Grundlage einer Verfas-
sungsordnung soll gemäß Fraenkel den Staat bzw. die Gesellschaft vor allem vor einem ähnlich
weitgehenden Werteverlust wie zur Zeit des Nationalsozialismus oder dem totalitären Kommunismus
in anderen Ländern, bewahren. Nach Alemann[15] sind dabei fünf Minimalbedingungen des Pluralis-
musmodells festzustellen:

1. Alle wesentlichen Interessen der Gesellschaft sind über Verbände und Parteien organisierbar bzw. organi- siert.
2. Für diese verbandsmäßig organisierten Interessen herrschen grundsätzlich und unabhängig von der späte- ren Durchsetzung zunächst dieselben Spielregeln und Wirkungsmöglichkeiten.
3. Das System ist offen und empfänglich für sich neu artikulierende Interessen.
4. Droht die Monopolisierung oder eine einseitige Interessendurchsetzung, so besteht die Garantie einer Gegenverbandsbildung.
5. Der „nicht-kontroverse Sektor" als Grundkonsens über die Spielregeln des pluralistischen Wettbewerbs ist von allen Teilnehmern anerkannt.

Allerdings hat auch Fraenkels Theorie ihre Schwächen. So weist beispielsweise die Elitentheorie
darauf hin, dass es gerade nicht jedem einzelnen Individuum möglich ist, sein Interesse zu artikulie-
ren, bzw. dass es nicht für jedes Interesse eigenständige Interessengruppen geben könnte.[16] Auch die
Rational-Choice-Theorie, die auf das Problem der „Trittbrettfahrer" aufmerksam machte, wies auf
Probleme der reinen Pluralismus-Theorie hin. Gemäß der Kosten-Nutzen – Abwägung der Individuen, erklärt diese, warum sich Interessengruppen gerade dann nicht und umso weniger bilden, wenn
kollektive Interessen auf dem Spiel stehen. Die Größe und Stärke von Interessengruppen muss also
nicht mit der Bedeutung des organisierten Interesses kongruent sein. Das sich einstellende Kräfteun-
gleichgewicht widerspricht dem Pluralismus. Als möglicher Lösungsansatz wurde die Theorie des
Korporatismus herangezogen, die dieses Problem durch Integration zu lösen versucht.[17]

---

[12] Vgl. Stern, Jürgen (2006): Verbände als Ausdruck des „Pluralismus der Souveränitäten": Harold Laski. In:
Sebaldt, Martin und Straßner Alexander: Klassiker der Verbändeforschung. Wiesbaden. VS Verlag für Sozialwissenschaften. S. 167-182

[13] Nach Straßner, Alexander (2006)

[14] Schütt-Wetschky, Eberhard (1997): Interessenverbände und Staat. Darmstadt. Primus.

[15] Nach Straßner, Alexander (2006)

[16] Nach Gellner, Winand und Glatzmeier, Armin (2004)

[17] Ebd.

I.2 Die Korporatismustheorie anhand Phillipe C. Schmitter und Gerhard Lehmbruch

Der Begriff Korporatismus verweist ursprünglich auf eine ständestaatliche Ordnung, zu der beispielsweise die Anhänger Mussolinis in Italien zurückkehren wollten. Heutzutage wird Korporatismus allerdings im Hinblick auf freiheitliche Demokratien mit Neo-Korporatismus gleichgesetzt.[18]

Allgemein lässt sich Korporatismus als eine Form der Einbindung wirtschaftlicher und gesellschaftlicher Organisationen in den politischen Entscheidungsfindungsprozess beschreiben.[19] Der demokratische (Neo)-Korporatismus zielt dabei im Gegensatz zum autoritären Gegenstück vor allem auf die Freiwilligkeit der Zusammenarbeit ab. Da eben nicht alle Interessen gleich stark bzw. stark genug vertreten werden, übernimmt der Staat in diesen Politikfeldern die Rolle einer Vermittlungsinstanz.[20] Die Gesellschaft kann sich also zu ihrer Selbstorganisation staatlicher Mittel bedienen, ohne dafür ihre Unabhängigkeit gegenüber dem Staat einbüßen zu müssen. Die Freiwilligkeit betrifft also nicht die Individuen, sondern die Verbände an sich.[21]

Als Auslöser der politikwissenschaftlichen Korporatismusforschung gelten dabei vor allem Schmitters Arbeiten, wie z.B. der Aufsatz „Still the Century of Corporatism?" (1974)[22]. Er beschreibt den Korporatismus strukturell mit neun Merkmalen:

1. Die Anzahl der Verbände, die zur Mitwirkung an einer politischen Entscheidungsfindung angehalten werden, ist begrenzt.

2. Die innere Ordnung der Verbände ist hierarchisch.

3. Die Mitgliedschaft in den Verbänden ist obligatorisch.

4. Das Verbandswesen ist funktional differenziert.

5. Die Verbände verhalten sich wechselseitig nicht kompetitiv.

6. Der Staat erkennt die Verbände an und räumt ihnen

7. ein Vertretungsmonopol ein, weil die Verbände

8. die interne Personalrekrutierung und

9. die Interessenartikulation gewährleisten.[23]

Schmitter und Lehmbruch erarbeiteten die Korporatismustheorie gemeinsam, Unterschiede sind nur in den Feinheiten festzustellen. Lehmbruch beschäftigt sich vor allem mit der prozessualen Dimension inklusive der steuerungstheoretischen Aspekte.[24]

---

[18] Schütt-Wetschky, Eberhard (1997)

[19] Gellner, Winand und Glatzmeier, Armin (2004)

[20] Ebd.

[21] Streeck, Wolfgang (1994): Staat und Verbände: Neue Fragen. Neue Antworten? In: Streeck, Wolfgang: Staat und Verbände. Wiesbaden. Westdeutscher Verlag. S. 280-310

[22] Schütt-Wetschky, Eberhard (1997)

[23] Gellner, Winand und Glatzmeier, Armin (2004)

[24] Köppl, Steffen und Nerb, Tobias (2006): Verbände als Dialogpartner im kooperativen Staat: Gerhard Lehmbruch. In: Klassiker der Verbändeforschung. Wiesbaden. VS Verlag für Sozialwissenschaften. S. 289-301

Wichtig für ihn sind beispielsweise folgende Punkte:

1. Vernetzung von Parteien und Verbänden (Symbiose)

2. Institutionalisierter (auf Dauer angelegter), allgemeinverbindlicher Rahmen, in dem sich die Zusammenarbeit und die gemeinsame Entscheidungsfindung vollzieht (Einigungen zur Übernahme quasistaatlicher Aufgaben durch Verbände)

3. Konzertierung und Kompromissfindung durch das Übertragen von Mitsprache und Verantwortung (Integrationsdynamik)

4. Die Regierung trägt die Verantwortung für den erzielten Konsens[25]

Diese Selbstverwaltung bestimmter Aufgaben wird in Deutschland vor allem auf spezifische Policy-Bereiche angewendet, bei denen die Verantwortung des Staates bezogen auf Stabilität und Wachstum besonders groß ist.[26] Gerade das deutsche Gesundheitssystem darf wohl als Paradebeispiel für ein korporatistisches Verhandlungssystem gelten[27] und bedarf deshalb eines genaueren Studiums.

II. Die Akteure und ihre Interessen im deutschen Gesundheitswesen

Seit den Anfangsjahren des unter dem damaligen Reichskanzler Bismarck 1883 eingeführten Krankenversicherungssystems sind zentralisierte Interessenverbände an der Formulierung und Umsetzung staatlicher Politik beteiligt.[28] Vor allem die Entscheidungen darüber, welche Leistungen von den gesetzlichen Krankenkassen übernommen, von wem sie erbracht und wie sie vergütet werden, fallen in den Aufgabenbereich der Verbände. Es geht also um Aufgaben bei der Qualitätssicherung und Ressourcenverteilung.[29] Der Korporatismus und seine Entwicklung im deutschen Gesundheitswesen sind Bestandteil wissenschaftlicher Kontroversen. Der Wandel der Verhandlungsgremien einerseits und der Selbstverwaltung andererseits soll nun weiter untersucht werden. Dabei werden aufgrund der Fülle an Details nur einzelne, wichtige Verbände der Leistungsanbieter, der Krankenkassen und der Patienteninteressen analysiert.

---

[25] Nach: Ebd. , Gellner, Winand und Glatzmeier, Armin (2004) und Schütt-Wetschky, Eberhard(1997)

[26] Schütt-Wetschky, Eberhard (1997)

[27] Vgl. u.a. Bandelow, Nils (2004) und Döhler, Marian (2002): Gesundheitspolitik in der Verhandlungsdemokratie. In: Gellner, Winand und Schön, Markus: Paradigmenwechsel in der Gesundheitspolitik?. Baden-Baden. Nomos. S. 25-40 bzw. Geene, Raimund (2009): Gesundheitsforschung und Prävention im bundesdeutschen Korporatismus. Ansätze und Hemmnisse einer sozialagenbezogenen Gesundheitsförderung. In: Bauer, Ulrich und Bittlingmayer, Uwe und Richter, Matthias: Normativität und Public Health. Wiesbaden. VS Verlag für Sozialwissenschaften. S. 301 - 321

[28] Bandelow, Nils (2004)

[29] Ebd.

II. 1 Verbände der Leistungsanbieter

II. 1 a) Die Kassenärztlichen Vereinigungen

Als Leistungsanbieter sind alle Berufsgruppen und Unternehmen zu definieren, die Waren (z.b. Medikamente) und Dienstleistungen im Gesundheitswesen anbieten. Im Mittelpunkt stehen dabei niedergelassene Ärzte und Zahnärzte.[30] Die Interessenvertretung, zu deren Ziel vor allem die Sicherung möglichst hoher Einkünfte und der Erhalt von Privilegien für Freiberufler zählt, wird vor allem durch die Kassen(Zahn-)ärztlichen Vereinigungen (KVen) durchgeführt.[31] Diese Körperschaften öffentlichen Rechts, die alle Ärzte, die an der ambulanten kassenärztlichen Versorgung teilhaben wollen, d.h. alle Vertragsärzte, zur Mitgliedschaft verpflichtet, sind als „Landesvereinigungen"[32] in zur Zeit 17 Regionen untergliedert.[33] An der Spitze stehen jeweils von Vertreterversammlungen gewählte Vorstände. Durch den Zusammenschluss zur Kassenärztlichen Bundesvereinigung (KVB), spielen sie eine tragende Rolle bei den Verhandlungen mit Krankenkassen und Staat.

KVen und Politik sind jeweils voneinander abhängig.[34] Einerseits üben die Kassenärzte über die Bundestagsfraktionen (zumeist der FDP als Partei der Freiberufler) einen starken Einfluss auf die Regierungspolitik aus, andererseits ist die Ministerialbürokratie oftmals auf das Fachwissen der KVen angewiesen.[35] Durch einheitliches Vorgehen der KVen und der KVB bestehen wirksame Möglichkeiten legitimer Interessenvertretung sowohl im Bundestag als auch in den Landesparlamenten.[36] Die Einbindung bei Beschlüssen und Richtlinien des 2004 geschaffenen Gemeinsamen Bundesausschusses (G-BA) spielt dabei wohl ebenfalls eine große Rolle (siehe Kapitel B III.).[37] Tatsächlich arbeiteten KVB und KVen nach der Gesundheitsreform 2007 stärker zusammen und bildeten ge-

---

[30] Ebd.

[31] Ebd.

[32] Ebd. S. 3

[33] Kassenärztliche Bundesvereinigung (2010): Adressliste der Kassenärztlichen Vereinigungen. Online verfügbar unter: http://www.kbv.de/wir_ueber_uns/4130.html (zuletzt geprüft am 24.08.2010).

[34] Webber, Douglas (1992): Die kassenärztlichen Vereinigungen zwischen Mitgliederinteressen und Gemeinwohl. In: Mayntz, Renate: Verbände zwischen Mitgliederinteressen und Gemeinwohl. Gütersloh. Verlag Bertelsmann Stiftung. S. 211-272

[35] Ebd.

[36] von Stillfried, Dominik und Gräf, Stefan (2009): Die Kassenärztliche Bundesvereinigung und die Gesundheitsreform 2007. In: Paquet, Robert und Schroeder, Wolfgang: Gesundheitsreform 2007. Wiesbaden. VS Verlag für Sozialwissenschaften. S. 159-174

[37] Ebd.

meinsame „Kompetenzzentren".[38] Die Fähigkeit zum Agenda-Setting könnte man als gestärkt ansehen, insofern sich die KVB vor allem gegen freie Berufsverbände durchsetzen kann.[39]

Das Verhältnis zwischen Bundesregierung und den KVen bzw. der KVB lässt sich somit eher als gegenseitige Abhängigkeit beschreiben. KVen entsprechen damit der Definition nach Schmitter: Sie sind hierarchisch gegliederte Monopolverbände, mit obligatorischer Mitgliedschaft und staatlicher Anerkennung.[40]

II. 1 b) Die Ärztekammern

Die Kammern dienen der Überwachung der ärztlichen Ethik und sind somit keine berufspolitischen Interessenverbände. Sie organisieren allerdings im Gegensatz zu den KVen alle Ärzte als Zwangsmitglieder und können somit durchaus als wichtiges Sprachrohr der Ärzte angesehen werden.[41]Allerdings stehen sie unter staatlicher Aufsicht und kooperieren mit den Krankenkassen und dem Staat. Daher bestehen auch freie Interessenverbände wie zum Beispiel der Marburger Bund oder der Hartmannbund, auf den im Folgenden kurz eingegangen werden soll.

II. 1 c) Der Hartmannbund

Dem eigenen Anspruch, Sprecher aller Ärzte zu sein, kann der Hartmannbund (HB) durch seinen im Vergleich eher geringen Organisationsgrad und seine Mitgliederstruktur (beruht auf freiwilliger Mitgliedschaft!), nicht gerecht werden. Natürlich ist er, wie alle freien Verbände, mit Trittbrettfahrerproblemen konfrontiert und setzt sich kompromisslos für ärztliche Interessen ein, wobei er versucht eine Orientierung am Allgemeinwohl erkennen zu lassen, indem er eine Parallelität zwischen Patienten- und Ärzteinteressen formuliert.[42] Der HB stemmt sich somit als „pluralistische Insel im Meer des gesundheitspolitischen Korporatismus" gegen die weitergehende Korporatisierung der ärztlichen Interessenpolitik und fordert u.a. die Entkopplung der Beiträge von den Löhnen und Bezahlung versicherungsfremder Leistungen aus allgemeinen Steuergeldern.[43] Er kann somit als ein Bei-

---

[38] Ebd. S. 167.

[39] Ebd.

[40] Vgl. Bandelow, Nils (2004)

[41] Ebd.

[42] Groser, Manfred (1992): Gemeinwohl und Ärzteinteressen – Die Politik des Hartmannbundes. In: Mayntz, Renate: Verbände zwischen Mitgliederinteressen und Gemeinwohl. Gütersloh. Verlag Bertelsmann Stiftung. S. 162 – 210

[43] Vgl. Kröger, Michael und Trauthig, Julian (2009): Spiegel Online - Was Lobbyisten von Schwarz-Gelb wollen. Online verfügbar unter: http://www.spiegel.de/wirtschaft/soziales/0,1518,651788,00.html (zuletzt geprüft am 24.08.2010).

spiel dafür angesehen werden, inwiefern auch pluralistische Elemente im Gesundheitswesen eine Rolle spielen.[44]

Allerdings haben gewisse Entwicklungen seit 1990 (z.b. Verteilungskonflikte zwischen bestimmten Facharztgruppen) dafür gesorgt, dass Ärzteinteressen, trotz ihrer doppelten Vertretung durch freie Verbände und Körperschaften, geschwächt wurden.[45]

Unter anderem deshalb setzen sie zunehmend auf radikalere Protestmittel, die man sonst eher den Gewerkschaften oder NGOs zuordnen würde: Bei Großdemonstrationen und Protesten als Lobbymittel werden Betroffene als eigene Interessenvertreter (siehe vorgefertigte Briefe: „Erst stirbt die Praxis, dann der Patient"[46]) eingesetzt. Als Beispiel hierfür sind die Ärztedemonstrationen und Protestschreiben gegen die geplante Gesundheitsreform der Großen Koalition zu nennen, die 2006 ihren Höhepunkt fanden.[47] Dabei beteiligten sich mehrere Ärzte-Verbände, vom Hartmannbund bis zur KBV, an gemeinsam organisierten Kampagnen. In Zukunft werden die Ärzte aufgrund ihrer guten Organisierbarkeit und ihrer ökonomischen Ausstattung für groß angelegte Kampagnen sicherlich auch außerhalb der korporatistischen Systeme wieder eine größere Rolle spielen.

Die Träger der Krankenhäuser (organisiert z.b. in der Deutschen Krankenhausgesellschaft) werden seit 1997 zunehmend in selbstverwaltende Strukturen eingegliedert (dazu gehört vor allem die Mitarbeit in der gemeinsamen Selbstverwaltung der Ärzte und Krankenkassen im G-BA[48]), obwohl sie sich dagegen wehren, zu Körperschaften zu werden. [49]

Die Apotheker (organisiert über die Bundesvereinigung Deutscher Apothekerverbände als Dachorganisation) werden nur in speziellen Fragen an gesundheitspolitischen Debatten beteiligt und sind somit eher schwach in korporatistische Strukturen integriert[50], können allerdings als starke wettbe-

---

[44] Ebd.

[45] Bandelow, Nils (2004)

[46] Köhling, Dunia (2007): Interessenvertretung durch Protest? Die niedergelassenen Ärzte und ihre Ansätze einer Grassroots-Lobbykampagne 2005/2006. S. 395 In: Althaus, Marco: Kampagne! 3. Neue Strategien im Grassroots-Lobbying für Unternehmen und Verbände. Berlin. LIT Verlag. S. 383-434

[47] Ebd.

[48] Bundeszentrale für politische Bildung: Gesundheitspolitik. Verbände und Körperschaften. Online verfügbar unter: http://www.bpb.de/themen/WZDR7I,0,Gesundheitspolitik_Lernobjekt.html?lt=AAB383&guid=AAB196#AAB294 (zuletzt geprüft am 24.08.2010).

[49] Bandelow, Nils (2004)

[50] Ebd.

werbliche Kraft angesehen werden, da sie über eine „aggressive Lobby" in Berlin verfügen und die Umsätze in die Höhe schnellen.[51]

II. 1 d) Die pharmazeutische Industrie und Lobbying

Es soll an dieser Stelle noch auf die pharmazeutische Industrie eingegangen werden, deren Bedeutung vor allem durch gezielten und finanzkräftigen Lobbyismus nicht zu unterschätzen ist.[52]

Ganze sieben Verbände teilen sich die Vertretung der in Deutschland ansässigen Pharmaunternehmen gegenüber der Politik. Anlässlich der anstehenden Gesundheitsreform 2007 wurden die Positionen durch eine Zusammenarbeit vereinheitlicht, insbesondere angestoßen durch den Bundesverband der Pharmazeutischen Industrie (BPI) und den Verband Forschender Arzneimittelhersteller (VFA).[53] Die grundlegende Forderung nach berechenbarer Politik wird von den Verbänden wie dem BPI erhoben, damit „die pharmazeutischen Unternehmen in der Lage sind, langfristig zu planen."[54]

Natürlich wäre auch ein erleichterter Wettbewerb im Interesse der Pharmaunternehmen, allerdings scheitern sie hier an der Politik. Auch im GKV-Wettbewerbsstärkungsgesetz (GKV-WSG), also der Gesundheitsreform 2007 wurde dieses Ziel nicht konsequent genug weiterverfolgt. So wurden stattdessen ministerielle Durchgriffsrechte erweitert, die zur Zentralisierung und Vereinheitlichung führen.[55] Wesentliche Marktteilnehmer bleiben zudem vom Kartell- und Wettbewerbsrecht verschont und behalten eine „Sondergerichtsbarkeit"[56], nämlich durch die Sozialgerichte. Die Politik wird sich vor der Verantwortung, in Zukunft rechtlich gleiche Regeln für alle Marktteilnehmer zu schaffen, nicht heraus reden können. Mehr Wettbewerb und weniger staatliche Eingriffe in diesem Bereich werden wohl die Folge sein.[57]

Die Macht der Pharmaindustrie auf die Politik ist aber insbesondere durch ihr gezieltes Lobbying nicht zu unterschätzen.

Lobbyismus bezeichnet dabei ein elementares, legitimes Mittel in einer Demokratie und kann als „spezifische Form der Politikberatung begriffen werden, als Informationsvermittlung, die auf großer

---

[51] Fleischhauer, Jan (2010): Warum hassen sie uns so? In: Der Spiegel 28 / 2010. S. 76 f

[52] Siehe u.a. Grill, Markus (2007): Kranke Geschäfte. Wie die Pharmaindustrie uns manipuliert. Reinbek bei Hamburg. Rowohlt Verlag.

[53] Brauner, Thomas(2009): Die pharmazeutische Industrie und die Gesundheitsreform 2007. In: Paquet, Robert und Schroeder, Wolfgang: Gesundheitsreform 2007. Wiesbaden. VS Verlag für Sozialwissenschaften. S. 175-187

[54] Ebd. S. 180

[55] Ebd.

[56] Ebd. S. 187

[57] Ebd.

sachlicher Kompetenz beruht – die aber (und das ist entscheidend) interessengeleitet ist."[58] In den letzten Jahren kam es in diesem Bereich zu einer Professionalisierung, die die genaue Kenntnis der Materie und der Zusammenhänge (Zuständigkeiten, Prozesse, etc.) voraussetzt.[59] Im günstigsten Falle profitieren sowohl der Lobbyist (PR-Berater, Image-Berater, etc.), als auch die zuständigen Politiker von ihrem gegenseitigen Wissensaustausch. Allerdings genießt der Lobbyismus in Deutschland einen eher schlechten Ruf in der Öffentlichkeit, insbesondere im Vergleich mit einem durchwegs als pluralistisch zu beschreibendem System wie den USA.[60]

Allein durch die mögliche Drohung, den Wirtschaftsstandort Deutschland zu verlassen, besitzen die Pharmaunternehmen ein starkes Druckmittel: 127.248 Personen waren im Jahr 2008 in pharmazeutischen Betrieben beschäftigt.[61] Auch da die Beschäftigtenzahlen im Laufe der Jahre kontinuierlich anstiegen[62] und der deutsche Arzneimittelmarkt zum dritt- bzw. viertgrößten der Welt zählt[63], ist die Politik wenig daran interessiert, diese Arbeitsplätze aufs Spiel zu setzen oder Engpässe bei der medizinischen Versorgung zu riskieren. Medizinische Sachverständige werden von der Pharma-Lobby angegangen: So ist beispielsweise die wissenschaftliche Forschung häufig selektiv gesponsert, um genehme Forschungsdaten zu produzieren. Da schon die Ausbildung in vielen Fällen durch die Industrie mitfinanziert wird, bzw. viele beruflich von den Aufträgen der Industrie abhängen, ist diese „Zusammenarbeit" kaum zu umgehen.[64]

Zudem sind die Ärzte selbst vom Studium bis zum Ruhestand ein beliebtes Ziel der Pharma-Lobby. Chefärzte und Verbandsfunktionäre erhalten Beraterverträge, in denen die bevorzugte Verwendung und Verordnung der Produkte des jeweiligen Sponsors vereinbart wird, während dieser die Kosten für Kongressreisen, Fortbildungen u.ä. in touristischer Umgebung finanziert.[65] Durch ihr Verschreibungsverhalten können diese Ärzte erheblichen Einfluss auf alle niedergelassenen Ärzte ausüben.

---

[58] Lösche, Peter (2007): Verbände und Lobbyismus in Deutschland. Stuttgart. Verlag W. Kohlhammer. S.20

[59] Vgl. Köppl, Peter (2003): Power Lobbying: Das Praxishandbuch der Public Affairs. Wien. Linde Verlag. S.93

[60] Leif, Thomas und Speth, Rudolf (2003): Anatomie des Lobbyismus. Einführung in eine unbekannte Sphäre der Macht. In: Leif, Thomas und Speth, Rudolf: Die Stille Macht. Lobbyismus in Deutschland. Wiesbaden. VS Verlag für Sozialwissenschaften. S. 7-33

[61] BPI (2009): Pharma-Daten 2009. S.11 Online verfügbar unter: http://www.bpi.de/Default.aspx?tabindex=2&tabid=304 (zuletzt geprüft am 31.08.2010).

[62] Ebd.

[63] Fricke, Frank-Ulrich und Schöffski, Oliver (2008): Die pharmazeutische Industrie und der Arzneimittelmarkt. In: Fricke, Frank-Ulrich und Guminski, Werner und Schöffski, Oliver: Pharmabetriebslehre. Berlin Heidelberg. Springer Verlag. S.23-45

[64] Martiny, Anke (2006): Wer steuert Deutschlands Gesundheitswesen? Nur Blauäugige glauben, es seien Parlament und Gesetzgebung. In: Leif, Thomas und Speth, Rudolf: Die fünfte Gewalt. Lobbyismus in Deutschland. Wiesbaden. VS Verlag für Sozialwissenschaften. S. 221-235

[65] Ebd.

Allerdings werden diese auch persönlich angesprochen, indem sie beispielsweise bestimmte Provisionen und Honorare für die gezielte Verordnung bestimmter Produkte erhalten. Des Weiteren senden die Firmen alleine in Deutschland 15.000 Pharmareferenten[66] aus, die die Ärzte persönlich in ihren Praxen aufsuchen und teils mit Angeboten „am Rande der Legalität oder jenseits dessen"[67] werben. Nicht nur die KV und Ärzteverbände werden dadurch beeinflusst, auch von der Industrie gesponserte „Selbsthilfe-Gruppen" von Patienten werden dadurch oft indirekt zu Sprechern für die Pharmaunternehmen gemacht (s.a. Kapitel II.3).[68]

Zu den größten Erfolgen der Einflussnahme auf die Politik bzw. die Gesetzgebung, kann beispielsweise die mehrmals seit 1992 gescheiterte Einführung der sog. Positivliste für Arzneimittel zählen, die Arzneimittel enthalten würde, die zu Lasten der GKV verordnet werden dürfen.[69] Präparate mit zweifelhaftem oder gar keinem Nutzen würden dank dieser vom Markt verschwinden. Die Unternehmen sahen allerdings ihre Geschäfte bedroht und griffen ein, indem sie beispielsweise 1995 den damaligen Bundesgesundheitsminister Seehofer (CSU) und sogar Ministerpräsidenten aus der SPD-Opposition umstimmen konnten oder 2003 mit Klagen gegen das Gesundheitsministerium drohten bzw. Politiker durch drastische E-Mails zu beeinflussen versuchten.[70]

Ein weiteres Beispiel für erfolgreiche Lobbyarbeit ist die Neubesetzung des Postens für den obersten Arzneimittelprüfer im Institut für Qualität und Wirtschaftlichkeit im Gesundheitswesen (IQWiG) in diesem Jahr über die Regierungskoalition aus FDP, CSU und CDU. Der ehemalige Leiter Peter Sawicki galt als Kritiker der Pharmabranche und war der Industrie somit ein Dorn im Auge.[71]

Neben einer verdeckten Einflussnahme auf Medizinjournalismus, werden auch andere Medien wie z.B. Unterhaltungsformate im Fernsehen für (Schleich-) Werbung genutzt. Dazu werden bestimmte Produkte oder neue Verfahren so in einer Sendung (z.B. einer Arztserie) versteckt, dass sie dem Zuschauer nicht als Werbung auffallen.[72]

---

[66] Langbein, Kurt (2003): Die Pharma-Lobby. Der Mut zur Überdosis Macht. In: Leif, Thomas und Speth, Rudolf (2003). S. 137-143

[67] Jantzer, Markus (2006): Pharmabranche und Funktionäre bestimmen die Gesundheitspolitik. In: Leif, Thomas und Speth Rudolf (2006). S. 236-251

[68] Langbein, Kurt (2003)

[69] Vgl. u.a. Jantzer, Markus (2003): Komplizen in der Politik. Politische Handlungsdefizite im Gesundheitssystem. In: Leif, Thomas und Speth, Rudolf (2003). S. 131-136 und Grill, Markus (2004). S. 59-61

[70] Nelles, Roland und Neubacher, Alexander und Reuter, Wolfgang (2003): Pakt gegen die Patienten. In: Der Spiegel 31 / 2003. S. 20-24

[71] Vgl. u.a. Grill, Markus (2010): Operation Hippokrates. In: Der Spiegel 11 / 2010. S. 82-87

[72] Vgl. Grill, Markus (2004). S. 159-169

Gepaart mit professionellen PR-Kampagnen (u.a. in sogenannten „Wartezimmerzeitungen"[73]) wird so auch die Öffentlichkeit unterschwellig zu Gunsten der Pharmaunternehmen beeinflusst.

Die ehemalige CDU-Abgeordnete Cornelia Yzer, mittlerweile Hauptgeschäftsführerin des VFA, kann heute faktisch als individueller Vetospieler in der Gesundheitspolitik bezeichnet werden. Seit 1994 kann man zudem von einer Stärkung des Einflusses der Pharmaindustrie sprechen.[74] Als wettbewerbliche Akteure, die eher weniger in korporative Systeme einbezogen sind, sind die Pharmaunternehmen zunehmend dem Muster des Pluralismus zuzuordnen.

II. 2 Verbände der Krankenkassen

Als wichtigste Finanzierungsträger im deutschen Gesundheitssystem sind die Kassen bzw. ihre Verbände an allen ausschlaggebenden Verhandlungen beteiligt und vor allem an einer möglichst günstigen Bereitstellung medizinischer Leistungen interessiert.[75]

Rund 90 % der Bevölkerung in Deutschland sind Mitglied der GKV, deren Finanzierung auf dem Solidaritätsprinzip aufbaut, d.h. die Beitragssätze richten sich nach den Einkommensverhältnissen und nicht am persönlichen Gesundheitsrisiko des Versicherten.[76]

Von 1975 bis 1992 kann von einer Ausweitung des Korporatismus auf diesem Gebiet gesprochen werden.[77] Seit 1992 wird vom Gesetzgeber aber zunehmend ein Weg zu mehr Wahlfreiheiten und Wettbewerb eingeschlagen, da die Entscheidungsträger das korporatistische System zunehmend als einen der Hauptgründe „für die Qualitätsmängel und die Effizienzdefizite im Gesundheitswesen"[78] betrachteten. Bis Ende 1996 bestanden nur geringe Wahlmöglichkeiten für die Versicherten zwischen den acht verschiedenen Kassenarten. Seit 1997 besteht die Möglichkeit zwischen einer sog. Primär-

---

[73] Ebd. S. 175

[74] Vgl. Bandelow, Nils (2006): Gesundheitspolitik: Zielkonflikte und Politikwechsel trotz Blockaden. In: Schmidt, Manfred und Zohlnhöfer, Reimut: Politik in der Bundesrepublik Deutschland. Wiesbaden. Westdeutscher Verlag. S.159-176 bzw. Tsebelis, George (2002): Veto Players. How Political Institutions Work. Princeton. Princeton University Press. und bzgl. Vetospieler in der Gesundheitspolitik: Pannowitsch, Sylvia (2009): Die Bedeutung von Macht in Entscheidungsprozessen. Eine theoretische Operationalisierung des Machtbegriffs für die Untersuchung von Akteursmacht in gesundheitspolitischen Reformprozessen. In: Gellner, Winand und Schmöller, Michael: Gesundheitsforschung – Aktuelle Befunde der Gesundheitswissenschaften. Baden-Baden. Nomos. S. 43-57

[75] Bandelow, Nils (2004)

[76] Hensen, Gregor und Hensen, Peter (2008): Das Gesundheitswesen im Wandel sozialstaatlicher Wirklichkeiten. In: Hensen, Gregor und Hensen, Peter: Gesundheitswesen und Sozialstaat. Gesundheitsförderung zwischen Anspruch und Wirklichkeit. Wiesbaden. VS Verlag für Sozialwissenschaften. S. 13-41

[77] Gerlinger, Thomas (2009): Wettbewerb und Patientenorientierung in der gesetzlichen Krankenversicherung. In: Böckmann, Roman: Gesundheitsversorgung zwischen Solidarität und Wettbewerb. Wiesbaden. VS Verlag für Sozialwissenschaften. S. 19-41

[78] Ebd. S. 20

kasse und einer Ersatzkasse wählen zu können. Dadurch reduzierten sich auf der einen Seite die Konflikte der verschiedenen Kassenarten (z.B. aufgrund der vorher gegebenen variierenden Finanzkraft) und der Konkurrenzkampf um die Beitragszahler sorgte zumindest bei einigen etablierten Krankenkassen zu sinkenden Beiträgen. Trotzdem waren alle Klassen einer Kassenart in einem dafür speziellen Spitzenverband organisiert, wobei sich strukturelle Unterschiede beim Aufbau offenbarten.[79]

Die Verbände der Primärkassen als Körperschaften öffentlichen Rechts besaßen jeweils eigene Landesverbände, die ihrerseits zu Bundesverbänden zusammengeschlossen waren. Der Aufbau der Verbände der Primärkassen wurde seit 1996 durch einen Verwaltungsrat geprägt, der Versicherte und Arbeitgeber vertritt. Bei den Ersatzkassen dagegen saßen keine Arbeitgebervertreter im Verwaltungsrat. Allerdings waren trotz dieser Unterschiede im Aufbau die Bundesverbände aller Kassenarten bis 2007 zur gemeinsamen Arbeitsgemeinschaft der Spitzenverbände der Krankenkassen zusammen geschlossen.[80]

Seit der Gesundheitsreform 2007 übernimmt die Aufgaben der vorher bestehenden Spitzenverbände der GKV-Spitzenverband, der Versicherte und Beitragszahler aller Kassenarten im Blick hat.[81] Die bisherigen Bundesverbände verloren dadurch ihren Körperschaftsstatus und wandelten sich zu Dienstleistungsunternehmen privaten Rechts, die den Kassen gehören.[82] Sie verloren dadurch ihre Federführungsfunktionen und die für die Kassen ihrer Kassenart verbindlichen Aufgaben in der Vertragspolitik.[83] Einzelne Mitglieder können nun austreten, da auch keine Zwangsmitgliedschaft mehr vorgeschrieben ist. Dies bedeutet gleichzeitig, dass die Bindungswirkung gefährdet ist, da sie nun kaum noch Disziplinierungsmaßnahmen gegenüber ihren Mitgliedern entfalten können.[84]

Robert Paquet geht davon aus, dass der Wettbewerb der Einzelkassen sich aufgrund des durch die Reform 2007 neu geschaffenen Systems von Gesundheitsfonds, allgemeinem Beitragssatz und Zusatzbeiträgen „massiv verschärft".[85] Durch die Zunahme von Einzelverträgen und der damit verbun-

---

[79] Bandelow, Nils (2004)

[80] Ebd.

[81] Bundesministerium für Gesundheit (2008): Spitzenverband Bund der Krankenkassen. Online verfügbar unter: http://www.bmg.bund.de/cln_116/nn_1168682/SharedDocs/Standardartikel/DE/AZ/S/Glossarbegriff-Spitzenverband-Bund-der-Krankenkassen.html (zuletzt geprüft am 17.09.2010).

[82] Paquet, Robert (2008): Gesundheitsreform 2007. Die Kassen unter Druck. In: Paquet, Robert und Schroeder, Wolfgang: Gesundheitsreform 2007. Wiesbaden. VS Verlag für Sozialwissenschaften. S. 126-135

[83] Ebd.

[84] Ebd.

[85] Ebd. S. 131

denen allmählichen Ablösung des korporativen Kollektivvertragssystems werden zudem die Verbände geschwächt, „wenn nicht tendenziell überflüssig".[86]

Es lässt sich somit konstatieren, dass der neue Spitzenverband zwar in seiner politischen Bedeutung zulegen wird. Die Nachfolgeorganisationen der vorherigen Bundesverbände werden dagegen geschwächt und zunehmend betriebswirtschaftlich ausgerichtet sein. Der Stellenwert der GKV-Verbände insgesamt wird somit in politischer Hinsicht abnehmen.[87] Allerdings können einzelne Krankenkassen durch die hinzugewonnene Freiheit und „neue Macht"[88] (insbesondere durch gewonnene Vertragsspielräume und der Möglichkeit zu eigenen Politik-Aktionen[89]) auch zu den Gewinnern gezählt werden.

Die Gesundheitsreform 2007 sorgt also für mehr Wettbewerb unter den Krankenkassen, u.a. durch die Einführung der neuen Wahltarife, durch die sie sich noch individueller auf ihre Versicherten einstellen können.[90] Deshalb kann man von einer Schwächung des Korporatismus und einer Entwicklung hin zu mehr pluralistischen Elementen in diesem Bereich sprechen, obwohl die Anzahl der Verbände eigentlich begrenzt wurde. Allerdings ist es eben nicht unwahrscheinlich, dass sich neue unabhängige Verbände bilden werden, da der Spitzenverband der gesetzlichen Krankenkassen es zunehmend schwer haben wird, alle Mitgliederinteressen angemessen und einheitlich zu vertreten.

Der Solidargedanke, der in den 90er-Jahren noch in den Begriff des „solidarischen Wettbewerbs" implementiert wurde, rückt damit zunehmend in den Hintergrund; der Wettbewerb und die Wirtschaftlichkeit werden schrittweise zum Hauptaugenmerk der Krankenkassen.[91]

II.3 Verbände für Patienten-, Behinderten- und Verbraucherinteressen

Die Krankenkassen sowie die Leistungsanbieter geben an, dass sie die Interessen der Patienten vertreten würden. Allerdings können beide diesem Anspruch höchstens für bestimmte Gruppen innerhalb der Patientenschaft gerecht werden, da die Leistungsanbieter ökonomische Ziele verfolgen müssen und die Kassen hauptsächlich auf eine Stabilisierung der Beitragssätze aus sind.[92] Ältere und chronisch Kranke, Behinderte und Opfer von Behandlungsfehlern werden zum Beispiel nur unzurei-

---

[86] Ebd.

[87] Ebd.

[88] Ebd. S. 133

[89] Vgl. u.a. Kummer, Hanno (2004): Kasse gegen Kasse. Wie der sozialpolitische Wettbewerb die Krankenversicherer herausfordert. In: Althaus, Marco: Kampagne! Neue Strategien für Wahlkampf, PR und Lobbying. Berlin. LIT-Verlag. S. 347-359

[90] Dressler, Matthias (2008): Zentrale Marketingaspekte im Public Health Care. Wiesbaden. Gabler Verlag.

[91] Vgl. Gerlinger, Thomas (2009): S. 36-38

[92] Bandelow, Nils (2004)

chend vertreten. Die aufgrund dessen seit den 1970er Jahren gegründeten Organisationen dieser Gruppen gelten allerdings als politisch wenig einflussreich, da die allgemeinen Interessen der GKV-Versicherten nur schwer organisationsfähig sind (z.B. im Vergleich zu Ärzteinteressen).[93] Dafür sorgen u.a. das hinzutretende Trittbrettfahrertum, der hohe Aufwand an Informations- und Mitgliedschaftskosten sowie fehlende Finanzmittel. Diese Probleme (siehe Kapitel 1.1) sorgten dafür, dass der Staat die Gründung und Finanzierung von Versichertenverbänden unterstützt hat.

Allerdings kann keinesfalls von korporatistisch eingegliederten Organisationen die Rede sein, da meist nur geringe Organisationsgrade vorliegen, somit kein Repräsentationsmonopol besteht und so gut wie keine staatlichen Aufgaben übernommen werden.[94]

Auch Verbraucherbände beanspruchen für sich, bestimmte Patienteninteressen zu vertreten. Es bestehen aber inhaltliche Konflikte mit den anderen Organisationen. Der organisatorische Pluralismus wird begleitet von mangelnder Konfliktfähigkeit gegenüber dem Staat (z.B. Druckausübung durch Streiks, etc.).[95]

Spätere Reformen haben die Patienteninteressen hingegen zunehmend gestärkt. So sind Patientenvertreter in den Entscheidungsprozess des 2004 eingeführten G-BA eingebunden.[96] Die Gesundheitsreform 2007 hat insbesondere „materielle Ressourcen" für Patientenvertreter bereitgestellt und die vier im G-BA eingegliederten Organisationen als repräsentativ anerkannt.[97] Auch die Pharmaindustrie sponsert zunehmend Selbsthilfegruppen wie den Deutschen Diabetikerbund (DDB), richtet Homepages für sie ein und stellt PR-Agenturen zur Verfügung.[98] Trotz der zunehmenden Machtstärkung und der ansatzweisen Einbeziehung in korporatistische Systeme agieren die Verbände der Patienteninteressen also zum großen Teil weiterhin auf einem freien Feld mit- und gegeneinander; sie sind also weiterhin ein dem Wettbewerb überlassener und somit pluralistischer Teilbereich des deutschen Gesundheitswesens.

---

[93] Ebd.

[94] Ebd.

[95] Ebd.

[96] Vgl. Gemeinsamer Bundesausschuss (2009): G-BA. Struktur und Mitglieder. Patientenbeteiligung. Online verfügbar unter: http://www.g-ba.de/institution/struktur/patientenbeteiligung/ (zuletzt geprüft am 21.09.2010).

[97] Hänlein, Andreas und Schroeder, Wolfgang (2010): Patienteninteressen im deutschen Gesundheitswesen. In: Clement, Ute und Nowak, Jörg und Scherrer, Christoph und Ruß, Sabine: Public Governance und schwache Interessen. Wiesbaden. VS Verlag für Sozialwissenschaften. S. 47-61

[98] Vgl. Grill, Markus (2007): S. 241ff

III. Fazit: Mehr Wettbewerb oder mehr Staat? – In welche Richtung entwickelt sich das Gesundheitswesen?

Ab den 90er Jahren sinkt der einstmals große Einfluss der relativ eigenständigen Selbstverwaltung zunehmend. Der Staat begrenzt durch Gesundheitsreformen den Entscheidungsspielraum korporatistischer Verhandlungsgremien und setzt zunehmend auf ökonomische Anreize, um das Verhalten der Leistungserbringer und Finanzierungsträger zu beeinflussen.[99] Es kann ab diesem Punkt von einem „Paradigmenwechsel in der Gesundheitspolitik"[100] gesprochen werden. In der Stärkung des Wettbewerbs sah seit 1992 jede amtierende Regierung ein geeignetes Instrument zur Qualitätssteigerung.

Die in der 2007 verabschiedeten Reform gesetzlich verankerte Struktur des G-BA bleibt jedoch bei dem bewährten Prinzip des Interessenausgleichs zwischen den jeweiligen Selbstverwaltungspartnern.[101] Er erfährt einen ansteigenden Bedeutungszuwachs und ist mittlerweile gar mit einem „umfassenden Auftrag zum Erlass verbindlicher Richtlinien für nahezu alle Bereiche der ambulanten ärztlichen Behandlung"[102] ausgestattet. Darüber hinaus kann er mittlerweile transsektoral, d.h. auf die gesamte medizinische Versorgung seine Wirkung entfalten.[103]

Somit schaffen einige der Reformen ein Gegengewicht zueinander. Auf der einen Seite wird Dezentralisierung und Pluralisierung, auf der anderen Zentralisierung und Hierarchisierung von Entscheidungen vorangetrieben.[104] Der Korporatismus wird dadurch nicht abgeschafft, sondern um pluralistische Elemente erweitert und somit umstrukturiert.

Es lässt sich also weniger von einer Entkorporatisierung sprechen, als eher von einer Modifikation des korporatistischen Verhandlungssystems. Dieses neu konfigurierte System aus den Ordnungsprinzipien Staat, Wettbewerb und Verbänden bezeichnet Noweski 2004 als „rehierarchisierten Wettbewerbskorporatimus"[105] (siehe Abb. 1). Der Staat kann sich hier besser als vorher in der Makroebene

---

[99] Noweski, Michael (2004): Der unvollendete Korporatismus. Staatliche Steuerungsfähigkeit im ambulanten Sektor des deutschen Gesundheitswesens. Online verfügbar unter: http://www.wzb.eu/bal/ph/leute/noweski.de.htm#publikationen (zuletzt geprüft am 22.09.2010).

[100] Gerlinger, Thomas (2009): S. 34

[101] Bronner, Dorothea (2009): Der gemeinsame Bundesausschuss und die Gesundheitsreform 2007: Auch künftig Organ der Selbstverwaltung. In: Paquet, Robert und Schroeder, Wolfgang: Gesundheitsreform 2007. Wiesbaden. VS Verlag für Sozialwissenschaften. S. 211-221

[102] Gerlinger, Thomas (2009): S. 38

[103] Ebd.

[104] Bandelow, Nils und Schade, Mathieu (2009): Wettbewerbliche Transformation im ambulanten Sektor: Governanceformen und gesundheitspolitische Zielpräferenzen im Wandel. In: Böckmann, Roman: Gesundheitsversorgung zwischen Solidarität und Wettbewerb. Wiesbaden. VS Verlag für Sozialwissenschaften. S. 91-116

[105] Noweski, Michael (2004): S. 97

durchsetzen und dominiert diese somit. Seine Möglichkeiten zur Intervention werden ausgeweitet, u.a. durch die striktere Durchsetzung restriktiver Finanzrahmen für die GKV oder gesetzlicher Vorschriften zur Regelung der Marktkonstitution.[106] Die intermediäre Mesoebene wird weiterhin durch die Kollektivverhandlungen der Verbände geprägt, allerdings spielt auch hier die staatliche Intervention eine immer größere Rolle.[107] Auf der Mikroebene fällt besonders ins Auge, dass der Wettbewerb zwischen den Kassen zunimmt und dieser auch bei den Leistungsanbietern in Ansätzen erweitert und liberalisiert wird[108], indem zunehmend Anreizsysteme zur Orientierung an monetären Interessen integriert werden.[109]

Der klassischen Definition Schmitters, bei der freiwillige Zugeständnisse der beteiligten Akteure die Grundlage bieten, entspricht das deutsche Gesundheitssystem also sicherlich nicht. Bandelow beschreibt die aufgezeigte Entwicklung als Wandel vom „Tauschkorporatimsus" zum „Wettbewerbskorporatismus", bei dem die Interessenverbände nicht mehr gleichberechtigte Partner des Staates sind, sondern in wachsendem Maße zu Befehlsempfängern gemacht werden.[110]

Dies scheint auch weiterhin der Weg zu sein, der eingeschlagen wird, um zwar einerseits einen Qualitätswettbewerb zu etablieren, aber andererseits das Solidarprinzip nicht komplett zu begraben.

Ob dies allerdings wirklich der richtige Weg ist, gilt als äußerst umstritten. Einschränkungen der freien Arztwahl und andere denkbare Konsequenzen, wie der Ausschluss von wirtschaftlich schwächeren Bevölkerungsteilen von „besseren" Leistungen könnten die bestehenden Einschränkungen der solidarischen Sicherung Einzelner verfestigen, wenn nicht gar ausbauen.[111] Andere sprechen von einer Art „Scheinwettbewerb" oder gar von „Wettbewerbsversagen"[112], welches sich auf einem „Quasi-Markt"[113] abspielt, der marktwirtschaftlichen Routinen folgt, aber sozialstaatlichen Implikationen widerspricht.[114]

---

[106] Gerlinger, Thomas (2009)

[107] Ebd.

[108] Noweski, Michael (2004): S. 97

[109] Gerlinger, Thomas (2002): Vom korporatistischen zum wettbewerblichen Ordnungsmodell? Über Kontinuität und Wandel politischer Steuerung im Gesundheitswesen. In: Gellner, Winand und Schön, Markus: Paradigmenwechsel in der Gesundheitspolitik?. Baden-Baden. Nomos. S. 123-151

[110] Bandelow, Nils (2004)

[111] Bandelow, Nils und Schade, Mathieu (2009)

[112] Hensen, Gregor und Hensen,Peter (2008): S. 25

[113] Ebd. S. 26

[114] Ebd.

Eine perfekte Lösungsstrategie können die Kritiker der Liberalisierung natürlich auch nicht anbieten. Sie warnen vor allem vor der Gefahr, dass sich der Solidaritätsgedanke, der unserem Gesundheitssystem zugrunde liegt und um den uns manch Versicherter aus einem anderen Staat sicherlich beneiden mag, aufzulösen scheint und somit den gesamten sozialstaatlichen Charakter untergräbt.[115] Vom Ende des Korporatismus zu sprechen, stellt aber, wie zuvor erläutert, eine Übertreibung dar und ist auf alle Fälle eine voreilig getroffene Aussage (vgl. u.a. die Entwicklung des G-BA), auch wenn genauso wenig eine Bestandsgarantie für korporatistische Arrangements im Gesundheitswesen besteht.[116]

Wie in dieser Arbeit aufgezeigt, ist jedoch tatsächlich eine neue Strategie vieler Verbände zur Integration gesellschaftlicher Interessen zu beobachten, indem sie zunehmend die Öffentlichkeit direkt ansprechen, sich konfliktbereiter gegenüber der Politik zeigen und immer aggressiveres Lobbying betreiben.[117]

Sicherlich steht nicht unser Sozialstaat als Ganzes auf dem Spiel. Trotzdem müssen die Versicherten und sozial Schwachen wohl weiterhin mit Einschnitten, höheren Kosten und gekürzten Leistungen rechnen, um das System finanzieren und „am Laufen halten" zu können. Die Entwicklungen der letzten Jahre zeigen dies deutlich auf und die Diskussion um die Pläne der kommenden Gesundheitsreform der amtierenden Regierungskoalition aus CDU / CSU und FDP gibt den Kritikern sicherlich neue Nahrung.

C   Die Gesundheitsreform 2010 / 2011

Röslers Konzept – Mögliche Gewinner und Verlierer

Die schwarz-gelbe Koalition aus CDU / CSU und FDP hofft auf eine Kostenersparnis von 3,5 Milliarden Euro im kommenden Jahr und von vier Milliarden Euro im Jahr 2012.[118] Den Kern der geplanten Reform von Gesundheitsminister Rösler (FDP) stellen die Zusatzbeiträge dar: Kommen die gesetzlichen Kassen nicht mit den Mitteln aus, die ihnen aus dem Gesundheitsfonds zugewiesen werden, dürfen sie einkommensunabhängige Zusatzbeiträge in unbeschränkter Höhe von ihren Mitgliedern erheben.[119] Ein Sozialausgleich soll erst dann stattfinden, wenn der durchschnittliche Beitrag zwei Prozent des Brutto-Einkommens übersteigt. SPD-Gesundheitsexperte Karl Lauterbach kommentiert das Gesetzesvorhaben folgendermaßen:

---

[115] Vgl. Ebd. S. 35

[116] Gerlinger, Thomas (2009): S. 40

[117] Vgl. Ebd. S. 49

[118] Weiland, Severin (2010): Gesundheitsreform. Was auf Deutschlands Versicherte zukommt. Online verfügbar unter: http://www.spiegel.de/politik/deutschland/0,1518,718638,00.html#ref=rss (zuletzt geprüft am 30.09.2010).

[119] Ebd.

„Dieser Sozialausgleich verdient den Namen nicht, er ist ein reines Ablenkungsmanöver. Stattdessen gibt es eine dicke Nettobelastung für die arbeitende Bevölkerung, während die Arbeitgeber und Privatversicherungen entlastet werden."[120]

Tatsächlich lässt sich konstatieren, dass vor allem die privaten Krankenversicherungen, die Ärzte und die Pharmaindustrie ihre Interessen durchsetzen konnten.

So soll der G-BA künftig ein neues Medikament nur noch dann ablehnen können, wenn er dessen Unzweckmäßigkeit beweisen kann.[121] Die Beweislast soll damit umgekehrt werden, da es früher reichte, wenn der G-BA feststellte, dass der Nutzen eines Medikaments nicht belegt ist. Der Forderung des Verbands der forschenden Pharmaunternehmen (VFA), „dass der Beschluss über die Nutzenbewertung nicht den Feststellungen der Zulassungsbehörde widersprechen darf"[122], wurde somit fast identisch im Änderungsantrag der Koalition entsprochen. Ausgearbeitet wurde dieser Vorstoß von der Pharmakanzlei Clifford Chance.[123] Der neue Leiter des Instituts für Qualität und Wirtschaftlichkeit im Gesundheitswesen (IQWiG) hält den Vorschlag für unbedacht und kritisiert: „Das geht nicht. Man kann prinzipiell nicht beweisen, dass etwas nicht da ist."[124] Das IQWiG, das vor fünf Jahren eigentlich als unabhängige Prüfeinrichtung gegründet wurde, könnte durch die geplante Gesetzesänderung entmachtet werden.[125] Der Vorsitzende des G-BA, Rainer Hess, mahnt, dass „ […] in diesem Punkt das neue Gesetz wirklich zu einer Gefahr für Patienten führen"[126] könnte. Zudem werden Rabattverträge kaputt gemacht; die Lobbyisten der Konzerne torpedieren dabei den Wettbewerb ausgerechnet mit dem Wettbewerbsrecht.[127]

Des Weiteren soll Kassenpatienten ermöglicht werden, ihren Arzt wie Privatversicherte zunächst selbst zu bezahlen. Die Gefahr besteht hier vor allem darin, dass die Patienten oft auf ihren Kosten sitzenbleiben könnten, da die Ärzte den Versicherten Posten in Rechnung stellen könnten, die die

---

[120] Medick, Veit (2010): Interview mit SPD-Experte Lauterbach. Das ist das Ende des solidarischen Gesundheitssystems. Online verfügbar unter: http://www.spiegel.de/politik/deutschland/0,1518,718716,00.html#ref=rss (zuletzt geprüft am 30.09.2010).

[121] Der Spiegel (2010): Weiterer Erfolg der Pharmalobby. In: Der Spiegel 39/2010. S. 86

[122] Ebd.

[123] Grill, Markus (2010): Pharmalobby diktiert Gesetzesänderung Nr. 4. Online verfügbar unter: http://www.spiegel.de/wirtschaft/soziales/0,1518,719507,00.html (zuletzt geprüft am 03.10.2010).

[124] Nürnberger Nachrichten (2010): Rösler lässt Pharmafirmen freie Hand. Online verfügbar unter: http://www.nordbayern.de/nuernberger-nachrichten/politik/arzneiprufer-koalition-lasst-pharmafirmen-freie-hand-1.199021?searched=true (zuletzt geprüft am 03.10.2010).

[125] Grill, Markus (2010): Pharmalobby diktiert Gesetzesänderung Nr. 4

[126] Grill, Markus und Hackenbroch, Veronika (2010): Eine Gefahr für Patienten. In: Der Spiegel 40 / 2010. S. 39-41

[127] Grill, Markus (2010): Einladung zur Manipulation. In: Der Spiegel 38/2010. S. 102

Kassen gar nicht übernehmen.[128] Sowohl Verbraucherschützer als auch die Kassen selbst wehren sich gegen diesen Vorstoß und sprechen von einer Entwicklung hin zur „Drei-Klassen-Medizin".[129] „Wenn kranke Menschen zum Arzt gehen, dann sollen sie sich nicht erst fragen müssen, ob ihr Geld reicht, um in Vorkasse gehen zu können"[130], sagt der Sprecher des GKV-Spitzenverbandes Florian Lanz und sieht damit gleichzeitig „einen Eckpfeiler der sozialen Krankenversicherung" untergraben.[131] Einzig die Ärzte würden davon profitieren, da sie nach der Umsetzung von Röslers Plan nicht mehr das Risiko tragen würden, ob alle erbrachten Leistungen von der KV ersetzt werden.[132] Zwar versichert Rösler, dass niemand zur Kostenerstattung gezwungen werde[133], allerdings ist die Tendenz klar erkennbar.

Der Wechsel zur privaten Krankenversicherung wird künftig schneller möglich. Bislang galt eine Wechselsperre von drei Jahren, ab dem 1. Januar 2011 soll es nur noch ein Jahr für Angestellte sein.[134] Gutverdiener sollen zusätzlich angeregt werden zu einer privaten Krankenversicherung zu wechseln, indem die monatliche Versicherungspflichtgrenze von derzeit 4162,50 Euro auf 4125 Euro herabgesetzt werden soll.[135]

Der Plan zielt also insgesamt darauf ab, das System nach dem Vorbild der privaten Krankenversicherung umzubauen.[136] Auch wenn der komplette Systembruch mit CDU/CSU noch nicht umzusetzen ist, so gesteht Rösler doch ein, was sein persönliches Fernziel ist: „Die reine Lehre der FDP sieht so aus, dass wir die heutige Versicherungspflicht abschaffen und jeden Menschen verpflichten, sich zu einem Basisschutz zu versichern, egal bei welchem Versicherungsunternehmen."[137]

Wettbewerb und Basisschutz inklusive zunehmender Pluralisierung werden also weiterhin im Gegensatz zu Solidarität, Vollschutz und mehr korporatistischen Einbindungen und ausgehandelten Ver-

---

[128] Wegener, Basil (2010): Rösler will Kassen umbauen. Mehr Wettbewerb und weniger Versicherungsschutz. In: Nürnberger Nachrichten vom 30.10.2010 S. 3

[129] Rybarczyk, Christoph (2010): Minister Rösler für Vorkasse beim Arzt. Drei-Klassen-Medizin? Online verfügbar unter: http://www.abendblatt.de/politik/deutschland/article1650743/Minister-Roesler-fuer-Vorkasse-beim-Arzt-Drei-Klassen-Medizin.html (zuletzt geprüft am 03.10.2010).

[130] Ebd.

[131] Ebd.

[132] Ebd.

[133] Rybarczyk, Christoph (2010)

[134] Weiland, Severin (2010)

[135] Ebd.

[136] Jelenik, Armin (2010): Teure Vorkasse in der Arztpraxis. Warum Röslers Vorschlag den Patienten schadet. In: Nürnberger Nachrichten vom 30.09.2010. S. 2

[137] Wegener, Basil (2010)

trägen stehen. Momentan sind die Weichen klar auf mehr Wettbewerb und Pluralisierung gestellt. Die Entwicklung dorthin wird aber durch die innerkoalitionären Streitigkeiten gebremst.[138] Es bleibt abzuwarten, inwiefern die aktuelle Regierungskoalition weitere Reformen auf diesem Weg vorantreiben kann, bzw. wie nachfolgende Regierungen, möglicherweise bestehend aus momentanen Oppositionsparteien, handeln werden.

---

[138] Vgl. u.a. Deutsche Presseagentur (2010): Merkel: Entscheidung über Gesundheitsreform bis Ende 2010. Online verfügbar unter: http://www.handelsblatt.com/newsticker/unternehmen/merkel-entscheidung-ueber-gesundheitsreform-bis-ende-2010;2661910 (zuletzt geprüft am 03.10.2010).

Abbildungsverzeichnis

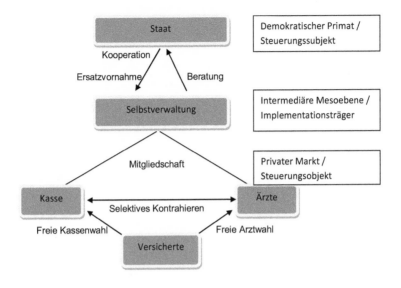

Abb.1: Modell des rehierarchisierten Wettbewerbskorporatimsus.
Nach: Noweski, Michael (2004): S. 97

Literaturverzeichnis

Monographien

Dressler, Matthias (2008): Zentrale Marketingaspekte im Public Health Care. Wiesbaden. Gabler Verlag.

Gellner, Winand und Glatzmeier, Armin (2004): Macht und Gegenmacht. Einführung in die Regierungslehre. Baden-Baden. Nomos.

Grill, Markus (2007): Kranke Geschäfte. Wie die Pharmaindustrie uns manipuliert. Reinbek bei Hamburg. Rowohlt Verlag.

Kocher, Gerhard (2006): Vorsicht, Medizin! Aphorismen und Denkanstösse. Bern. Ott Verlag.

Köppl, Peter (2003): Power Lobbying: Das Praxishandbuch der Public Affairs. Wien. Linde Verlag.

Lösche, Peter (2007): Verbände und Lobbyismus in Deutschland. Stuttgart. Verlag W. Kohlhammer.

Schütt-Wetschky, Eberhard (1997): Interessenverbände und Staat. Darmstadt. Primus.

Tsebelis, George (2002): Veto Players. How Political Institutions Work. Princeton. Princeton University Press.

Beiträge in Sammelbänden

Bandelow, Nils (2006): Gesundheitspolitik: Zielkonflikte und Politikwechsel trotz Blockaden. In: Schmidt, Manfred und Zohlnhöfer, Reimut: Politik in der Bundesrepublik Deutschland. Wiesbaden. Westdeutscher Verlag. S. 159-176

Bandelow, Nils und Schade, Mathieu (2009): Wettbewerbliche Transformation im ambulanten Sektor: Governanceformen und gesundheitspolitische Zielpräferenzen im Wandel. In: Böckmann, Roman: Gesundheitsversorgung zwischen Solidarität und Wettbewerb. Wiesbaden. VS Verlag für Sozialwissenschaften. S. 91-116

Brauner, Thomas(2009): Die pharmazeutische Industrie und die Gesundheitsreform 2007. In: Paquet, Robert und Schroeder, Wolfgang: Gesundheitsreform 2007. Wiesbaden. VS Verlag für Sozialwissenschaften. S. 175-187

Bronner, Dorothea (2009): Der gemeinsame Bundesausschuss und die Gesundheitsreform 2007: Auch künftig Organ der Selbstverwaltung. In: Paquet, Robert und Schroeder, Wolfgang: Gesundheitsreform 2007. Wiesbaden. VS Verlag für Sozialwissenschaften. S. 211-221

Döhler, Marian (2002): Gesundheitspolitik in der Verhandlungsdemokratie. In: Gellner, Winand und Schön, Markus: Paradigmenwechsel in der Gesundheitspolitik?. Baden-Baden. Nomos. S. 25-40

Fricke, Frank-Ulrich und Schöffski, Oliver (2008): Die pharmazeutische Industrie und der Arzneimittelmarkt. In: Fricke, Frank-Ulrich und Guminski, Werner und Schöffski, Oliver: Pharmabetriebslehre. Berlin Heidelberg. Springer Verlag. S. 23-45

Geene, Raimund (2009): Gesundheitsforschung und Prävention im bundesdeutschen Korporatismus. Ansätze und Hemmnisse einer soziallagenbezogenen Gesundheitsförderung. In: Bauer, Ulrich und Bittlingmayer, Uwe und Richter, Matthias: Normativität und Public Health. Wiesbaden. VS Verlag für Sozialwissenschaften. S. 301- 321

Gerlinger, Thomas (2002): Vom korporatistischen zum wettbewerblichen Ordnungsmodell? Über Kontinuität und Wandel politischer Steuerung im Gesundheitswesen. In: Gellner, Winand und Schön, Markus: Paradigmenwechsel in der Gesundheitspolitik?. Baden-Baden. Nomos. S. 123-151

Gerlinger, Thomas (2009): Der Wandel der Interessenvermittlung in der Gesundheitspolitik, in: Rehder, Britta und von Winter, Thomas und Willems, Ulrich: Interessenvermittlung in Politikfeldern. Vergleichende Befunde der Policy- und Verbändeforschung. Wiesbaden. VS Verlag für Sozialwissenschaften, S. 33-51

Gerlinger, Thomas (2009): Wettbewerb und Patientenorientierung in der gesetzlichen Krankenversicherung. In: Böckmann, Roman: Gesundheitsversorgung zwischen Solidarität und Wettbewerb. Wiesbaden. VS Verlag für Sozialwissenschaften. S. 19-41

Groser, Manfred (1992): Gemeinwohl und Ärzteinteressen – Die Politik des Hartmannbundes. In: Mayntz, Renate: Verbände zwischen Mitgliederinteressen und Gemeinwohl. Gütersloh. Verlag Bertelsmann Stiftung. S. 162 – 210

Hänlein, Andreas und Schroeder, Wolfgang (2010): Patienteninteressen im deutschen Gesundheitswesen. In: Clement, Ute und Nowak, Jörg und Scherrer, Christoph und Ruß, Sabine: Public Governance und schwache Interessen. Wiesbaden. VS Verlag für Sozialwissenschaften. S. 47-61

Hensen, Gregor und Hensen, Peter (2008): Das Gesundheitswesen im Wandel sozialstaatlicher Wirklichkeiten. In: Hensen, Gregor und Hensen, Peter: Gesundheitswesen und Sozialstaat. Gesundheitsförderung zwischen Anspruch und Wirklichkeit. Wiesbaden. VS Verlag für Sozialwissenschaften. S. 13-41

Jantzer, Markus (2003): Komplizen in der Politik. Politische Handlungsdefizite im Gesundheitssystem. In: Leif, Thomas und Speth, Rudolf: Die Stille Macht. Lobbyismus in Deutschland. Wiesbaden. VS Verlag für Sozialwissenschaften. S. 131-137

Jantzer, Markus (2006): Pharmabranche und Funktionäre bestimmen die Gesundheitspolitik. In: Leif, Thomas und Speth Rudolf: Die fünfte Gewalt. Lobbyismus in Deutschland. Wiesbaden. VS Verlag für Sozialwissenschaften.. S. 236-251

Köhling, Dunia (2007): Interessenvertretung durch Protest? Die niedergelassenen Ärzte und ihre Ansätze einer Grassroots-Lobbykampagne 2005/2006. S. 395 In: Althaus, Marco: Kampagne! 3. Neue Strategien im Grassroots-Lobbying für Unternehmen und Verbände. Berlin. LIT Verlag. S. 383-434

Kummer, Hanno (2004): Kasse gegen Kasse. Wie der sozialpolitische Wettbewerb die Krankenversicherer herausfordert. In: Althaus, Marco: Kampagne! Neue Strategien für Wahlkampf, PR und Lobbying. Berlin. LIT-Verlag. S. 347-359

Langbein, Kurt (2003): Die Pharma-Lobby. Der Mut zur Überdosis Macht. In: Leif, Thomas und Speth, Rudolf: Die Stille Macht. Lobbyismus in Deutschland. Wiesbaden. VS Verlag für Sozialwissenschaften. S. 137-143

Leif, Thomas und Speth, Rudolf (2003): Anatomie des Lobbyismus. Einführung in eine unbekannte Sphäre der Macht. In: Leif, Thomas und Speth, Rudolf: Die Stille Macht. Lobbyismus in Deutschland. Wiesbaden. VS Verlag für Sozialwissenschaften. S. 7-33

Martiny, Anke (2006): Wer steuert Deutschlands Gesundheitswesen? Nur Blauäugige glauben, es seien Parlament und Gesetzgebung. In: Leif, Thomas und Speth, Rudolf: Die fünfte Gewalt. Lobbyismus in Deutschland. Wiesbaden. VS Verlag für Sozialwissenschaften. S. 221-235

Pannowitsch, Sylvia (2009): Die Bedeutung von Macht in Entscheidungsprozessen. Eine theoretische Operationalisierung des Machtbegriffs für die Untersuchung von Akteursmacht in gesundheitspolitischen Reformprozessen. In: Gellner, Winand und Schmöller, Michael: Gesundheitsforschung – Aktuelle Befunde der Gesundheitswissenschaften. Baden-Baden. Nomos. S. 43-57

Paquet, Robert (2008): Gesundheitsreform 2007. Die Kassen unter Druck. In: Paquet, Robert und Schroeder, Wolfgang: Gesundheitsreform 2007. Wiesbaden. VS Verlag für Sozialwissenschaften. S. 126-135

Stern, Jürgen (2006): Verbände als Ausdruck des „Pluralismus der Souveränitäten": Harold Laski. In: Sebaldt, Martin und Straßner Alexander: Klassiker der Verbändeforschung. Wiesbaden. VS Verlag für Sozialwissenschaften. S. 167-182

Straßner, Alexander (2006): Verbände als Manifestation des Neopluralismus: Ernst Fraenkel. In: Sebaldt, Martin und Straßner Alexander: Klassiker der Verbändeforschung. Wiesbaden. VS Verlag für Sozialwissenschaften. S. 73-89

Streeck, Wolfgang (1994): Staat und Verbände: Neue Fragen. Neue Antworten? In: Streeck, Wolfgang: Staat und Verbände. Wiesbaden. Westdeutscher Verlag. S. 280-310

Köppl, Steffen und Nerb, Tobias (2006): Verbände als Dialogpartner im kooperativen Staat: Gerhard Lehmbruch. In: Klassiker der Verbändeforschung. Wiesbaden. VS Verlag für Sozialwissenschaften. S. 289-301

von Stillfried, Dominik und Gräf, Stefan (2009): Die Kassenärztliche Bundesvereinigung und die Gesundheitsreform 2007. In: Paquet, Robert und Schroeder, Wolfgang: Gesundheitsreform 2007. Wiesbaden. VS Verlag für Sozialwissenschaften. S. 159-174

Webber, Douglas (1992): Die kassenärztlichen Vereinigungen zwischen Mitgliederinteressen und Gemeinwohl. In: Mayntz, Renate: Verbände zwischen Mitgliederinteressen und Gemeinwohl. Gütersloh. Verlag Bertelsmann Stiftung. S. 211-272

Zeitschriftenaufsätze

Bandelow, Nils (2004): Akteure und Interessen in der Gesundheitspolitik: Vom Korporatismus zum Pluralismus? In : Politische Bildung 37/2, S. 49-63

Zeitungs- und Zeitschriftenartikel

Der Spiegel (2010): Weiterer Erfolg der Pharmalobby. In: Der Spiegel 39/2010. S. 86

Grill, Markus (2010): Operation Hippokrates. In: Der Spiegel 11 / 2010. S. 82-87

Grill, Markus (2010): Einladung zur Manipulation. In: Der Spiegel 38/2010. S. 102

Grill, Markus und Hackenbroch, Veronika (2010): Eine Gefahr für Patienten. In: Der Spiegel 40 / 2010. S. 39-41

Jelenik, Armin (2010): Teure Vorkasse in der Arztpraxis. Warum Röslers Vorschlag den Patienten schadet. In: Nürnberger Nachrichten vom 30.09.2010. S. 2

Fleischhauer, Jan (2010): Warum hassen sie uns so? In: Der Spiegel 28 / 2010. S. 76-80

Nelles, Roland und Neubacher, Alexander und Reuter, Wolfgang (2003): Pakt gegen die Patienten. In: Der Spiegel 31 / 2003. S. 20-24

Wegener, Basil (2010): Rösler will Kassen umbauen. Mehr Wettbewerb und weniger Versicherungsschutz. In: Nürnberger Nachrichten vom 30.10.2010 S. 3

Internetquellen

BPI (2009): Pharma-Daten 2009. S.11 Online verfügbar unter: http://www.bpi.de/Default.aspx?tabindex=2&tabid=304 (zuletzt geprüft am 31.08.2010).

Bundesministerium für Gesundheit (2008): Spitzenverband Bund der Krankenkassen. Online verfügbar unter: http://www.bmg.bund.de/cln_116/nn_1168682/SharedDocs/Standardartikel/DE/AZ/S/Glossarbegriff-Spitzenverband-Bund-der-Krankenkassen.html (zuletzt geprüft am 17.09.2010).

Bundeszentrale für politische Bildung: Gesundheitspolitik. Verbände und Körperschaften. Online verfügbar unter: http://www.bpb.de/themen/WZDR7I,0,Gesundheitspolitik_Lernobjekt.html?lt=AAB383&guid=AAB196#AAB294 (zuletzt geprüft am 24.08.2010).

Deutsche Presseagentur (2010): Merkel: Entscheidung über Gesundheitsreform bis Ende 2010. Online verfügbar unter: http://www.handelsblatt.com/newsticker/unternehmen/merkel-entscheidung-ueber-gesundheitsreform-bis-ende-2010;2661910 (zuletzt geprüft am 03.10.2010).

Gemeinsamer Bundesausschuss (2009): G-BA. Struktur und Mitglieder. Patientenbeteiligung. Online verfügbar unter: http://www.g-ba.de/institution/struktur/patientenbeteiligung/ (zuletzt geprüft am 21.09.2010).

Grill, Markus (2010): Pharmalobby diktiert Gesetzesänderung Nr. 4. Online verfügbar unter: http://www.spiegel.de/wirtschaft/soziales/0,1518,719507,00.html (zuletzt geprüft am 03.10.2010).

Kassenärztliche Bundesvereinigung (2010): Adressliste der Kassenärztlichen Vereinigungen. Online verfügbar unter: http://www.kbv.de/wir_ueber_uns/4130.html (zuletzt geprüft am 24.08.2010).

Kröger, Michael und Trauthig, Julian (2009): Spiegel Online - Was Lobbyisten von Schwarz-Gelb wollen. Online verfügbar unter: http://www.spiegel.de/wirtschaft/soziales/0,1518,651788,00.html (zuletzt geprüft am 24.08.2010).

Medick, Veit (2010): Interview mit SPD-Experte Lauterbach. Das ist das Ende des solidarischen Gesundheitssystems. Online verfügbar unter: http://www.spiegel.de/politik/deutschland/0,1518,718716,00.html#ref=rss (zuletzt geprüft am 30.09.2010).

Noweski, Michael (2004): Der unvollendete Korporatismus. Staatliche Steuerungsfähigkeit im ambulanten Sektor des deutschen Gesundheitswesens. Online verfügbar unter: http://www.wzb.eu/bal/ph/leute/noweski.de.htm#publikationen (zuletzt geprüft am 22.09.2010).

Nürnberger Nachrichten (2010): Rösler lässt Pharmafirmen freie Hand. Online verfügbar unter: http://www.nordbayern.de/nuernberger-nachrichten/politik/arzneiprufer-koalition-lasst-pharmafirmen-freie-hand-1.199021?searched=true (zuletzt geprüft am 03.10.2010).

Rybarczyk, Christoph (2010): Minister Rösler für Vorkasse beim Arzt. Drei-Klassen-Medizin? Online verfügbar unter: http://www.abendblatt.de/politik/deutschland/article1650743/Minister-Roesler-fuer-Vorkasse-beim-Arzt-Drei-Klassen-Medizin.html (zuletzt geprüft am 03.10.2010).

Statistisches Bundesamt (2008): Pressemitteilung Nr. 354. Abzurufen unter: http://www.destatis.de/jetspeed/portal/cms/Sites/destatis/Internet/DE/Presse/pm/2008/09/PD08__354__51.psml (zuletzt geprüft am 24.08.2010)

Statistisches Bundesamt (2010): Gesundheit, Personal, 2008. Wiesbaden. Abzurufen unter: https://www-ec.destatis.de/csp/shop/sfg/bpm.html.cms.cBroker.cls?cmspath=struktur,vollanzeige.csp&ID=1025436 (zuletzt geprüft am 24.08.2010)

Weiland, Severin (2010): Gesundheitsreform. Was auf Deutschlands Versicherte zukommt. Online verfügbar unter: http://www.spiegel.de/politik/deutschland/0,1518,718638,00.html#ref=rss (zuletzt geprüft am 30.09.2010).

Lightning Source UK Ltd.
Milton Keynes UK
UKHW040932090119
335262UK00001B/293/P